ALCATEIA

CB032102

Obra de Abby Wambach

Forward: A memoir

ABBY WAMBACH

ALCATEIA

Como a união e o poder feminino podem VIRAR O JOGO

ALTA BOOKS
E D I T O R A
Rio de Janeiro, 2022

Alcateia

Copyright © 2022 da Starlin Alta Editora e Consultoria Eireli.
ISBN: 978-85-508-1565-7

> Translated from original Wolfpack. Copyright © 2019 by Abby Wambach. ISBN 978-1-250-21770-7. This translation is published and sold by permission of address Celadon Books Publishers, the owner of all rights to publish and sell the same. PORTUGUESE language edition published by Starlin Alta Editora e Consultoria Eireli, Copyright © 2022 by Starlin Alta Editora e Consultoria Eireli.

Impresso no Brasil — 1ª Edição, 2022 — Edição revisada conforme o Acordo Ortográfico da Língua Portuguesa de 2009.

```
Dados Internacionais de Catalogação na Publicação (CIP) de acordo com ISBD

W243a    Wambach, Abby
            Alcateia: como nos unir, libertar nosso poder e mudar o jogo / Abby
         Wambach ; traduzido por Ana Gabriela Dutra. – Rio de Janeiro : Alta
         Books, 2022.
            112 p. ; 16m x 23cm.

            Tradução de: Wolfpack
            Inclui índice.
            ISBN: 978-85-508-1565-7

            1. Autoajuda. I. Dutra, Ana Gabriela. II. Título.
                                                                    CDD 158.1
                                                                    CDU 159.947
         2022-423

         Elaborado por Odilio Hilario Moreira Junior - CRB-8/9949

                        Índice para catálogo sistemático:
                        1.  Autoajuda 158.1
                        2.  Autoajuda 159.947
```

Todos os direitos estão reservados e protegidos por Lei. Nenhuma parte deste livro, sem autorização prévia por escrito da editora, poderá ser reproduzida ou transmitida. A violação dos Direitos Autorais é crime estabelecido na Lei nº 9.610/98 e com punição de acordo com o artigo 184 do Código Penal.

A editora não se responsabiliza pelo conteúdo da obra, formulada exclusivamente pelo(s) autor(es).

Marcas Registradas: Todos os termos mencionados e reconhecidos como Marca Registrada e/ou Comercial são de responsabilidade de seus proprietários. A editora informa não estar associada a nenhum produto e/ou fornecedor apresentado no livro.

Erratas e arquivos de apoio: No site da editora relatamos, com a devida correção, qualquer erro encontrado em nossos livros, bem como disponibilizamos arquivos de apoio se aplicáveis à obra em questão.

Acesse o site www.altabooks.com.br e procure pelo título do livro desejado para ter acesso às erratas, aos arquivos de apoio e/ou a outros conteúdos aplicáveis à obra.

Suporte Técnico: A obra é comercializada na forma em que está, sem direito a suporte técnico ou orientação pessoal/exclusiva ao leitor.

A editora não se responsabiliza pela manutenção, atualização e idioma dos sites referidos pelos autores nesta obra.

Produção Editorial
Editora Alta Books

Diretor Editorial
Anderson Vieira
anderson.vieira@altabooks.com.br

Editor
José Rugeri
acquisition@altabooks.com.br

Gerência Comercial
Claudio Lima
comercial@altabooks.com.br

Gerência Marketing
Andrea Guatiello
marketing@altabooks.com.br

Coordenação Comercial
Thiago Biaggi

Coordenação de Eventos
Viviane Paiva
eventos@altabooks.com.br

Coordenação ADM/Finc.
Solange Souza

Direitos Autorais
Raquel Porto
rights@altabooks.com.br

Assistente Editorial
Mariana Portugal

Produtores Editoriais
Illysabelle Trajano
Larissa Lima
Maria de Lourdes Borges
Paulo Gomes
Thales Silva
Thiê Alves

Equipe Comercial
Adriana Baricelli
Daiana Costa
Fillipe Amorim
Kaique Luiz
Maira Conceição
Victor Hugo Morais

Equipe de Design
João Lins
Marcelli Ferreira

Equipe Editorial
Beatriz de Assis
Brenda Rodrigues
Caroline David
Gabriela Paiva
Henrique Waldez

Marketing Editorial
Jessica Nogueira
Livia Carvalho
Marcelo Santos
Thiago Brito

Atuaram na edição desta obra:

Tradução
Ana Gabriela Dutra

Copidesque
Wendy Campos

Revisão Gramatical
Thais Pol
Thamiris Leiroza

Diagramação
Luisa Maria

Capa
Marcelli Ferreira

Editora afiliada à: ASSOCIADO

Rua Viúva Cláudio, 291 — Bairro Industrial do Jacaré
CEP: 20.970-031 — Rio de Janeiro (RJ)
Tels.: (21) 3278-8069 / 3278-8419
www.altabooks.com.br — altabooks@altabooks.com.br
Ouvidoria: ouvidoria@altabooks.com.br

Para nossa filha caçula, Amma,
cujo uivo me dá coragem.
E para todas as nossas filhas:
que elas possam viver cada momento
conscientes do poder de sua loba
e do amor de sua alcateia.

Sobre a Autora

Abby Wambach ganhou duas vezes a medalha olímpica de ouro, é campeã da Copa do Mundo da FIFA e a maior artilheira internacional dentre os jogadores de futebol masculino e feminino. Ela é ativista em prol da igualdade e da inclusão e autora best-seller do *New York Times* pelo livro *Forward: A memoir*. Abby é cofundadora do Wolfpack Endeavor, que revoluciona o desenvolvimento da liderança de mulheres no ambiente de trabalho e em outras áreas por meio de seu mindset defensor, treinamento individualizado e foco no espírito de equipe.

Abby mora na Flórida com sua esposa, suas duas filhas e seu filho.

Sumário

Nota à Leitora	xi
Bem-vinda à Alcateia	1
1: Você Sempre Foi o Lobo	15
2: Seja Grata E Ambiciosa	25
3: Lidere do Banco de Reservas	35
4: Torne o Fracasso Seu Incentivo	45
5: Ampare Uma à Outra	55
6: Exija a Bola	63
7: Dê o Máximo	73
8: Encontre Sua Alcateia	81
Hora de Mudar o Jogo	89

Nota à Leitora

Já que me identifico como mulher, este livro foi escrito a partir de uma perspectiva feminina. No entanto, as ideias de liderança são universais.

Recentemente, em uma ligação com uma empresa que me contratou para ensinar sobre liderança, o responsável afirmou: "Por favor, Abby, preciso garantir que seu treinamento também se aplique aos homens."

Eu respondi: "Ótima solicitação! Mas apenas se você questionou cada palestrante contratado se a mensagem dele também se aplicava às mulheres."

NOTA À LEITORA

As mulheres sempre tiveram que se encontrar no conteúdo apresentado a partir da perspectiva masculina. É essencial inverter essa questão e dar aos homens a oportunidade de se encontrarem no conteúdo apresentado com base na perspectiva feminina.

Neste livro, uso palavras como *mulheres, homens, meninas* e *meninos*. Não são as minhas favoritas, pois sempre entendi que o gênero — inclusive o meu — abrange uma variedade ampla e maravilhosa.

Meu sonho é que as pessoas de todos os gêneros — assim como as que estão entre ou além desse espectro — encontrem a si mesmas nestas páginas.

Minha esperança é que este livro se torne um avanço para a *humanidade*.

ALCATEIA

Bem-vinda à Alcateia

Imagine que você foi convidada para fazer o discurso de formatura em uma das principais universidades de mulheres do país. Você tem quinze minutos para ficar atrás do palanque, com uma toga elegante e dizer a centenas de jovens brilhantes tudo o que sabe:

O que torna a vida boa,

o que torna o mundo bonito e

como construir ambos.

Isso faria você parar e refletir seriamente sobre o que acredita?

Isso faria você se sentir sobrecarregada e desqualificada?

Isso poderia fazê-la suar em bicas e questionar se uma pessoa que *não se formou na faculdade* realmente deveria proferir um discurso de formatura?

(Talvez essa última preocupação tenha sido exclusivamente minha.)

Logo depois que me aposentei do futebol, fui convidada a fazer um discurso de formatura no Radio City Music Hall para a 126ª turma de formandas da Barnard College.

O convite dizia:

Ficamos impressionadas com seu talento em campo, mas também nos comovemos por seu comprometimento com questões como igualdade de gênero, diferença salarial e direitos LGBTQI+. Nossas formandas ficariam muito felizes se você discursasse para elas nesse momento decisivo de suas vidas.

Sentei no meu sofá, reli aquelas palavras, peguei meu celular e pesquisei no Google: *momento decisivo*. (Para constar: significa divisor de águas; marco histórico.)

Então pensei:

Certo.

Elas não querem que eu discurse apenas como atleta, mas como ativista, feminista, líder.

Em um dos momentos mais importantes de suas vidas.

Sem pressão.

O convite continuava:

Ex-oradores da Barnard incluem: Barack Obama, Hillary Clinton, Samantha Power, Sheryl Sandberg, Cecile Richards e Meryl Streep.

Nada de mais, *SQN*, pensei. (Para constar: leitoras com mais de 40 anos, esse acrônimo significa Só Que Não.)

Desde minha aposentadoria, viajei e discursei para pessoas de todo o mundo como uma atleta famosa. Falei sobre minha vida pessoal, a época em que estive em campo e como vencer campeonatos.

Fui uma campeã de futebol condecorada.

Marquei mais gols internacionais do que qualquer mulher ou homem na história.

Conquistei duas medalhas olímpicas de ouro e um campeonato da Copa do Mundo da FIFA.

Foram realizações muito bacanas. Porém, desde criança, o que mais me agradava no futebol não era obter estatísticas individuais ou mesmo vencer.

Adorava ganhar ou perder como uma ÚNICA equipe.

Adorava fazer parte de algo maior do que eu mesma.

Adorava a alegria, o sofrimento, o fracasso e o sucesso compartilhados.

Adorava a magia de me render coletivamente a um resultado desconhecido.

Adorava a intimidade de nossos jantares de equipe, nossas viagens de ônibus e nossos vestiários malcheirosos.

Adorava a forma como eu e minhas parceiras de equipe nos importávamos umas com as outras, lutávamos umas pelas outras e respeitávamos umas às outras, independentemente da situação.

O que mais me agradava no futebol era ser uma companheira de equipe e líder para as mulheres.

Como uma das capitãs da Seleção de Futebol Feminino dos Estados Unidos, eu era responsável por unir 23 mulheres — cada uma delas tendo alcançado o sucesso por seu talento individual — e inspirá-las a se comprometer com o coletivo. Com a ajuda de minhas parceiras de time, desenvolvi uma cultura de equipe baseada em mais do que apenas excelência. Não apenas vencíamos, mas o fazíamos com alegria, honra, conexão, comprometimento e irmandade. Não apenas defendíamos nossa camisa em campo, mas umas às outras. Nossa época na Seleção Feminina dos EUA nos transformou em mais do que apenas vencedoras. Nós nos tornamos amigas, cidadãs e seres humanos melhores.

O maior prejuízo da minha aposentadoria foi deixar minha equipe. Senti falta da conexão única proveniente de um grupo de mulheres que se esforçam para atingir um objetivo coletivo. Mas, quando olhei para aquele convite, pensei o seguinte:

E se o tempo que passei na seleção norte-americana consistiu apenas em um treino para um jogo maior?

E se eu pudesse encontrar uma maneira de transmitir a cultura de nossa equipe para mais mulheres?

E se meu novo time fosse Todas as Mulheres do Mundo?

As mulheres da Barnard entrariam no Radio City Music Hall como universitárias e sairiam como adultas.

E se eu entrasse como Abby, uma líder de mulheres no campo de futebol, e saísse como Abby, uma líder de mulheres no mundo?

Senti medo, mas, mesmo assim, aceitei o convite da Barnard.

Aceitei por aquelas mulheres, mas também por mim mesma. As formandas da Barnard não eram as únicas que adentrariam um futuro desconhecido, reinventando-se e tentando encontrar seu caminho no mundo. Eu estava nesse processo com elas. O discurso também seria um *momento decisivo* para mim.

Primeiro, pensei, tenho que escrever esse negócio.

Em toda partida de futebol, havia um momento em que eu sentia a energia se desviar em minha direção. Um incentivo moral, uma virada no placar ou um gol decisivo — independentemente do que fosse, era meu dever conseguir. Quando eu sentia essa mudança de energia, dizia silenciosamente para mim mesma:

Vamos lá, Abby. É a sua vez.

Ao me sentar para redigir o meu discurso, foi isso o que disse a mim mesma. Eu precisava de um apelo enfático, pois vivíamos um momento importante e intimidador em nosso país, que exigia um pronunciamento feito por e para as mulheres.

A nação estava dividida como nunca visto antes.

A supremacia branca e a misoginia eram legitimadas e celebradas nos mais altos níveis do governo.

A reação contrária ao progresso da justiça igualitária para todos foi imediata e dolorosa.

O cenário norte-americano foi dominado por formas arcaicas de pensamento sobre gênero, raça, sexualidade, classes sociais e meio ambiente. Muitas pessoas ficaram com raiva e outras, sem reação. A indiferença se instaurava; efetuar qualquer mudança real parecia desanimador, ou até mesmo impossível.

A menos, é claro, que você não acredite no *impossível*, pois a lição da sua vida foi que uma equipe de mulheres que se une por um objetivo maior pode alcançar o impossível repetidas vezes.

Enquanto me concentrava no que gostaria de compartilhar com as formandas da Barnard — uma diretriz para libertar sua individualidade, unir o coletivo e mudar o cenário —, lembrei-me de uma palestra TED que assistira recentemente sobre os lobos do Parque Nacional de Yellowstone.

Em 1995, os lobos foram reintroduzidos no Yellowstone após uma ausência de setenta anos. Foi uma decisão controversa, mas os guardas-florestais decidiram que valia a pena arriscar, pois a área estava em apuros.

ALCATEIA

Nesse período de setenta anos, o número de cervos disparou, visto que esses animais estavam sozinhos e sem oposição no topo da cadeia alimentar. Eles pastavam sem controle e reduziram a vegetação de uma forma tão severa que provocou erosão nas margens do rio.

Quando um pequeno número de lobos surgiu, mudanças significativas começaram a ocorrer quase de imediato.

Primeiro, eles reduziram o número de cervos por meio da predação. Porém, o mais importante foi que a presença dos lobos alterou drasticamente o *comportamento* desses animais remanescentes. Sabiamente, os cervos passaram a evitar os lugares onde ficavam mais vulneráveis aos lobos — os vales — e a vegetação se regenerou. A altura das árvores quintuplicou em apenas seis anos. Pássaros e castores começaram a habitar esses locais. Os castores construíram barragens no rio, que forneciam habitats para lontras, patos e peixes. Corvos e águias-de-cabeça-branca regressaram para comer as carcaças deixadas pelos lobos. Os ursos retornaram porque as frutas silvestres começaram a crescer novamente.

Mas isso não foi tudo. Na verdade, os *rios* também mudaram. A regeneração de plantas estabilizou as margens, que pararam de desmoronar. Os rios voltaram a correr livremente.

9

Em resumo:

O ecossistema vegetal se regenerou.

O ecossistema animal se regenerou.

A paisagem inteira mudou.

Tudo por causa da presença dos lobos.

Percebe o que aconteceu?

Os lobos — temidos por muitos como uma ameaça ao sistema — se tornaram a *salvação*.

Agora, observe nosso mundo atual: *percebe o que está acontecendo?*

As mulheres — temidas por muitos como uma ameaça ao nosso sistema — se tornarão a salvação da sociedade.

Nós somos a solução pela qual esperávamos.

NÓS.

SOMOS.

AS.

LOBAS.

Ao longo da minha vida, minha equipe foi minha alcateia.

Agora, minha alcateia consiste em Todas as Mulheres do Mundo.

Alcateias necessitam de uma estrutura unificadora. A maneira mais eficaz de criar uma força coletiva é estabelecer regras segundo as quais a alcateia deve viver.

A Seleção Feminina dos EUA é única: um ecossistema só de mulheres à parte, em muitos aspectos, do sistema maior. A FIFA (a organização internacional que regula o esporte), em grande parte, ignora e desvaloriza o futebol feminino. As mulheres estão sozinhas. Elas sabem que, se desejam respeito e um futuro para o esporte, devem construí-los por conta própria. Elas constituem uma alcateia determinada a mudar o cenário do futebol.

Em 1999, dois anos antes de eu entrar para o time, a seleção feminina norte-americana disse à FIFA: "Jogaremos nos estádios da NFL para a Copa do Mundo da mesma forma que os homens."

A FIFA respondeu: "Não. As mulheres não jogam nesses locais. Vocês jamais venderiam ingressos suficientes." Em outras palavras: coloquem-se no seu lugar. Sigam as velhas regras. Não sejam ridículas. (Observação: quando a chamarem de ridícula, saiba que está no caminho certo.)

A Seleção Feminina dos EUA ignorou esses avisos e começou a desenvolver seu sonho. Suas jogadoras implementaram uma campanha *grassroots* de marketing de guerrilha; visitaram escolas e conversaram com ginásios repletos de crianças; e surpreenderam equipes de garotas em campos de futebol. Certa vez, elas passaram por um torneio de futebol juvenil e pediram ao motorista que estacionasse o ônibus para que pudessem falar com as crianças sobre a Copa do Mundo. Elas foram determinadas e altruístas — ego nulo, puro coração —; se uniram e se comprometeram com uma visão que sabiam ser possível e estavam decididas a concretizá-la.

E o fizeram. Essas mulheres lotaram estádios. Elas criaram o movimento esportivo feminino mais poderoso que o mundo já viu e o maior evento na história do esporte feminino. Sua partida final, disputada no Rose Bowl em Pasadena, contou com a presença de mais de 90 mil pessoas — o maior público que já compareceu a um evento esportivo feminino. Esse também foi o jogo de futebol mais assistido nos EUA até hoje, mesmo em comparação a qualquer partida masculina da Copa do Mundo. Com 40 milhões de telespectadores a nível mundial, ele obtive uma audiência mais alta do que as finais de hóquei e basquete profissionais. De repente, havia novas regras para o jogo — estabelecidas por essas mulheres —, mas apenas porque um grupo de visionárias obstinadas tiveram a coragem de infringir as antigas.

Assim como Ava DuVernay, a primeira mulher negra a dirigir um longa-metragem indicado ao Oscar de Melhor Filme, disse:

> *Em relação a tetos de vidro... O que mais me incentiva são pessoas que criam seus próprios tetos. Não tenho interesse em bater à porta de um homem que não me quer lá. Prefiro construir minha própria casa.*

A mensagem que decidi compartilhar com as formandas da Barnard — a mesma deste livro — é a seguinte: as mulheres precisam parar de seguir regras antigas, que existem apenas para manter o *status quo*. Se seguirmos as regras que sempre seguimos, o jogo continuará igual. Formas ultrapassadas de pensamento jamais nos ajudarão a construir um novo mundo. Descarte o antigo. Adote o novo.

Bem-vinda ao modo alcateia — oito regras novas que mudarão o jogo.

1

Você Sempre Foi o Lobo

Regra Antiga: Permaneça no caminho.

Regra Nova: Crie seu próprio caminho.

Assim como a maioria das meninas, fui ensinada a manter a cabeça baixa, seguir no caminho e fazer meu trabalho. Eu era como a droga da Chapeuzinho Vermelho.

Você conhece esse conto de fadas — ele é apenas uma reiteração das histórias admonitórias contadas às meninas em todo o mundo. A Chapeuzinho Vermelho passeia pela floresta, tendo que respeitar instruções rigorosas: siga no caminho; não converse com ninguém; mantenha a cabeça baixa e escondida sob sua capa estilo *O Conto da Aia*.

E ela segue as regras... inicialmente. Mas então se atreve a sentir um pouco de curiosidade e arrisca sair do caminho. É nesse momento, claro, que ela encontra o Lobo Mau e o caos se instaura.

A mensagem dessas histórias é clara:

Siga as regras.

Não seja curiosa.

Não fale demais.

Não crie expectativas.

Do contrário, *coisas ruins acontecerão*.

Porém, quando analiso o mundo, e relembro minha vida, é evidente o fato de que essas histórias não são verdadeiras. Todas as coisas boas que aconteceram comigo — e com as mulheres que respeito — foram resultado do atrevimento de arriscar sair do caminho.

Quando eu era jovem, me disseram: Meninas boas usam vestidos.

Eu odiava usar vestidos.

Ao usar um vestido, eu me via no espelho e sentia um nó no estômago que subia até minha garganta. Olhava para mim mesma e pensava: "Não gosto da minha aparência ou de como me sinto. Essa não sou eu."

Sentia a necessidade de prender a respiração do instante em que colocava o vestido até o momento de retirá-lo. Era como se fosse uma fantasia que escondia quem eu realmente era, para me encaixar, ser boa.

Não temos todas uma fantasia que usamos para esconder nossa loba?

O questionamento da minha infância era: "Por que não posso usar o que eu quero?"

Quando comecei a frequentar o ensino médio, em uma escola só para garotas, as regras pareceram mudar.

Lembro-me de sentar na sala de aula e testemunhar a completa mudança de caráter em algumas das minhas amigas. As meninas que permaneciam caladas perto de nossos amigos se mostravam animadas e opinavam em nosso ambiente só de garotas. As meninas que raramente comiam algo perto deles se alimentavam normalmente em nosso horário de almoço. E não eram apenas as maneiras de agir ou comer que se alteravam quando não havia meninos. Nossa forma de se vestir também mudava. Na escola, usávamos roupas confortáveis, sem o intuito de chamar atenção. Aprendemos que meninas não precisam se vestir para meninos, mas para nós mesmas.

Podemos externalizar nas roupas aquilo que sentimos interiormente. Podemos optar por nosso próprio conforto mesmo que isso incomode outras pessoas.

Namorei meninos no ensino médio, pois minha educação religiosa e minha cultura me ensinaram que era isso que as meninas deveriam fazer. Garotos eram legais, eu acho. Foi somente quando senti uma paixonite por uma garota que percebi que o amor deveria ser mais do que apenas legal. Devido ao medo de perder minha família, decidi que me assumir homossexual não era uma opção. Isso partiu meu coração.

O questionamento da minha adolescência era: "Por que não posso amar quem eu quero?"

Tentei ocultar essa parte de mim o máximo que consegui. Então, durante meu último ano no ensino médio, vivenciei o amor verdadeiro pela primeira vez. Era um sentimento tão essencial e necessário quanto ar, alimento, moradia. Iniciei meu primeiro relacionamento homoafetivo como a maioria dos homossexuais naquela época — em segredo. O sigilo era tanto enfurecedor quanto estimulante. Eu não podia contar para ninguém, então me sentia amedrontada e isolada da minha família e dos meus amigos. Porém, também aprendi que o amor verdadeiro é uma necessidade humana e que, se eu me negasse isso, minha loba interior morreria. Receosa — e, por muito tempo, em segredo —, escolhi o amor. Escolhi a mim mesma.

Posteriormente, comecei a sonhar em me tornar uma jogadora profissional de futebol. O problema era que o futebol profissional feminino era tão novo e subestimado que eu nem sequer sabia que existia. Então, eu assistia aos jogos da Seleção Masculina dos EUA e pensava: *Mas eu poderia fazer isso. Eu quero fazer isso.*

O questionamento dos meus 20 anos era: "Por que não posso me tornar o que eu quero?"

Mal sabia que, nos bastidores, as mulheres estavam criando as oportunidades que um dia eu aproveitaria para construir minha carreira. Elas lutavam pelo Título IX das Emendas Educacionais de 1972, desenvolviam ligas profissionais femininas e entravam em greve a fim de garantir salários dignos para a emergente equipe nacional de futebol feminino. Na época que terminei a faculdade, mulheres que nunca conheci já haviam começado a abrir o caminho que eu seguiria.

Essas mulheres não seguiram um rumo de vida estilo Chapeuzinho Vermelho. Não havia um caminho para elas, então estabeleceram um novo. Elas o constituíram — ladrilho a ladrilho — para que as gerações de lobas pudessem trilhá-lo. Elas criaram coisas para mim que eu nem sequer sabia que precisava. Elas dedicaram suas vidas e suas carreiras a construir algo que muitas delas tinham a consciência de que jamais aproveitariam — mas o fizeram mesmo assim.

Se pudesse voltar no tempo para dizer algo ao meu eu mais jovem, seria:

Abby,

Você nunca foi a Chapeuzinho Vermelho.

Você sempre foi o Lobo.

Há uma loba dentro de toda mulher. Sua loba compreende quem você foi feita para ser antes que o mundo lhe dissesse quem deveria ser. Sua loba é seu talento, seu poder, seus sonhos, sua voz, sua curiosidade, sua coragem, sua dignidade, suas escolhas — sua identidade mais autêntica.

CHAMADO À ALCATEIA:

Vista o que quiser.

Ame quem você ama.

Torne-se o que idealiza.

Crie o que precisa.

Você nunca foi a Chapeuzinho Vermelho.

Você sempre foi o Lobo.

2

Seja Grata E Ambiciosa

Regra Antiga: Seja grata pelo que tem.

Regra Nova: Seja grata pelo que tem
E exija o que merece.

Quando me aposentei do futebol, a ESPN decidiu celebrar minha carreira me agraciando com o Icon Award. Recebi o prêmio no ESPYS — o evento transmitido em rede nacional — com outros dois campeões aposentados: Kobe Bryant, da NBA, e Peyton Manning, da NFL.

Eu estava animada. Parecia algo importante. Meu primeiro pensamento foi: "O que vestirei?"

Minha resposta: *Exatamente o que eu quero vestir* — tênis e tudo. Comprei meu terno sob medida e um par de tênis cintilantes. Descolori o cabelo e raspei as laterais. Por que não ser um ícone do futebol *e* da moda na mesma noite?

ALCATEIA

Na noite do ESPYS, Justin Timberlake, o apresentador de nossos prêmios, subiu ao palco e mostrou vídeos de destaque da nossa carreira para o público. Ele falou sobre o que nós três tínhamos em comum: talento, coragem, determinação. Enquanto Justin descrevia os esforços que nos dispusemos a fazer, ele mostrou uma filmagem na qual grampeavam minha cabeça ensaguentada durante um jogo. Ele parou e disse, surpreso e admirado: "Eles grampearam. A *cabeça* dela."

A plateia se retorceu e riu, o que fez com que eu me sentisse como uma pessoa durona — digna do palco em que estava.

Quando chegou a hora de recebermos nossos prêmios, nós três nos juntamos enquanto as câmeras filmavam e o público aplaudia. Não sei como Kobe e Peyton se sentiram naquele momento, mas eu senti uma gratidão extraordinária. Estava grata por estar lá — ser incluída ao lado de Kobe e Peyton. Tive uma sensação momentânea de conquista, como se as atletas tivessem finalmente conseguido.

Seja Grata E Ambiciosa

Então, os aplausos pararam; era o momento de sairmos do palco. Ao observar aqueles dois homens se dirigirem à saída, ocorreu-me que, apesar de deixarmos carreiras semelhantes, os futuros que enfrentaríamos eram bem diferentes.

Cada um de nós — Kobe, Peyton e eu — fez os mesmos sacrifícios por sua carreira; derramou a mesma quantidade de sangue, suor e lágrimas; venceu campeonatos mundiais do mesmo nível. Por décadas, demos nosso melhor em campo, com a mesma ferocidade, o mesmo talento e o mesmo comprometimento. Mas nossas aposentadorias definitivamente não seriam as mesmas, pois Kobe e Peyton deixavam aquele palco e caminhavam em direção aos seus futuros com algo que eu não tinha: contas bancárias com saldos enormes. Por causa disso, eles tinham outra coisa que me faltava: liberdade. Seus dias de luta haviam terminado. Os meus estavam apenas começando.

Mais tarde naquela noite, já em meu quarto de hotel, deitei na cama e, finalmente, reconheci o que fervilhava dentro de mim há décadas: raiva.

Na Copa do Mundo de Futebol Masculino da FIFA realizada em 2018, o time vencedor recebeu um prêmio de US$38 milhões em dinheiro — uma quantia dezenove vezes maior do que a recebida pela equipe campeã da Copa do Mundo de Futebol Feminino da FIFA em 2015. Dezenove vezes maior. Isso apesar do fato de que, em 2015, quando a Seleção Feminina dos EUA venceu a Copa do Mundo, ela proporcionou um lucro de US$6,6 milhões, enquanto o da Seleção Masculina foi de pouco menos de US$2 milhões.

Fiquei com raiva de mim mesma por não ter me manifestado ainda mais sobre essa desigualdade e essa injustiça gritantes.

Fiquei com raiva por minhas parceiras de equipe, minhas mentoras, todas as mulheres, pois eu sabia que não era apenas sobre mim e nem apenas sobre esportes.

Minha história é a história de toda mulher.

Em média, ao longo de suas carreiras, as mulheres de todo o mundo ganharão significativamente menos do que os homens em cargos equivalentes. No primeiro trimestre de 2018, em comparação, as mulheres norte-americanas ganharam 81,1% do valor recebido por seus colegas do sexo masculino em todos os setores e em todas as faixas etárias. Estudos mostraram que, em média, as mulheres precisam trabalhar 66h a mais para ganhar o mesmo salário que seus homólogos. A desigualdade salarial é ainda mais devastadora para as mulheres não brancas: as negras geralmente recebem US$0,63 e as latinas, US$0,54 para cada US$1 pago a um homem branco que ocupa o mesmo cargo.

Durante minha carreira, passei a maior parte do tempo da mesma forma que no palco do ESPYS: apenas me sentindo agradecida. Fui tão grata por receber um salário, por representar meu país, por ser o "token" de inclusão das mulheres e por qualquer sinal de respeito que tive medo de usar minha voz a fim de exigir mais para mim mesma — e igualdade para todas nós.

ALCATEIA

O que mantém a existência da diferença salarial não é apenas o privilégio e a cumplicidade dos homens. É a gratidão das mulheres.

Nossa gratidão é a forma como aqueles que detêm o poder usam o tokenismo de algumas mulheres para manter o resto de nós sob controle.

CHAMADO À ALCATEIA:

Seja grata.

Mas não seja APENAS grata.

Seja grata E corajosa.

Seja grata E ambiciosa.

Seja grata E justa.

Seja grata E persistente.

Seja grata E veemente.

Seja grata pelo que tem E exija

o que merece.

3

Lidere do Banco de Reservas

Regra Antiga: Aguarde permissão para liderar.

Regra Nova: Lidere agora — de onde estiver.

Quando pensamos em líderes, quais imaginamos?

Políticos? CEOs? Treinadores?

São esses que costumam vir à minha mente. A questão que suscito é: por que não pensamos em nós mesmas?

Talvez porque nossa compreensão cultural de liderança tenha omitido a maioria de nós por muito tempo.

O ano de 2015 foi importante para mim. Seria o último da minha carreira e eu planejava finalizá-la em grande estilo, levando a Seleção Feminina dos EUA à Copa do Mundo.

Como uma das capitãs do time, parte do meu trabalho era ajudar a equipe técnica a escolher as onze titulares que aumentariam nossas chances de vencer o campeonato.

Decisões difíceis precisavam ser tomadas.

Após as primeiras partidas, ficou evidente que eu não pertencia mais à lista de titulares. Aos 35 anos, eu era uma das jogadoras mais velhas na equipe, tinha perdido um pouco o ritmo e sofria de dor crônica. Não era mais a jogadora de antes. A equipe, os treinadores e eu sabíamos disso.

Então imagine a seguinte situação: você marcou mais gols internacionais do que qualquer ser humano do planeta. Na última década, foi uma das capitãs e levou seu time à vitória repetidas vezes. E decide com seu treinador que não será uma titular no restante de sua última Copa do Mundo. Em vez disso, ficará no banco de reservas.

Era algo difícil de aceitar como Abby Wambach, uma das capitãs da Seleção Feminina dos EUA. Era ainda mais difícil de aceitar como Abby, a criança competitiva que sonhava em terminar sua carreira da maneira que a exerceu, liderando em campo, conduzindo sua equipe à vitória.

Porém, finalizar minha carreira como titular não teria me ensinado a lição mais importante sobre liderança, a que ainda tinha que aprender, a que me levaria à fase seguinte da minha vida. Eu sabia como liderar em campo. Agora precisava aprender a liderar do banco de reservas.

Lidere do Banco de Reservas

Chegou o dia da segunda partida do campeonato. Eu estava acostumada a entrar em campo ao som dos berros da torcida, segurando a mão de uma criança de olhos arregalados, formando uma fila com as outras titulares. Caminhávamos até o meio de campo, encarávamos as bandeiras e ouvíamos o hino do nosso país. Esse era o meu ritual antes do jogo e uma das honras da minha carreira. Mas, dessa vez, entrei no estádio com as reservas, parei em frente ao nosso banco e observei as outras onze jogadoras posicionarem a mão sobre o coração para cantar o hino.

Eu sabia que os olhos do público, das minhas parceiras de time e dos meus fãs tinham o foco em mim. Eles aguardavam minha reação. Eu precisava escolher entre duas alternativas: ficar emburrada e fazer com que aquele momento fosse sobre mim ou engolir meu orgulho e fazer com que fosse sobre nossa equipe.

Quando estava em campo, o que mais me inspirava e motivava não eram os gritos dos milhões de desconhecidos, mas a atenção, o reconhecimento e a confiança que minhas *parceiras de equipe* me concediam. Pensei na minha colega e amiga de longa data, Lori Lindsey. Jogamos juntas desde os 15 anos. Lori nem sempre era titular na seleção, mas ela tornava nossa equipe melhor, pois torcia do banco de reservas com a mesma energia que algumas jogadoras aplicavam em campo por noventa minutos. Então personifiquei Lori.

Prestei atenção. Gritei tão alto, irritante e incessantemente que o treinador me mandou para o outro lado do banco. Deixei água pronta para as jogadoras que saíam de campo. Comemorei os gols marcados e mantive a fé no nosso time mesmo quando erros foram cometidos. Conhecia as mulheres em campo como irmãs, então, a cada momento, consegui prever exatamente o que elas precisavam de mim. Independentemente do que fosse — conforto, incentivo, reprimenda, orientação —, eu proporcionei. No final da partida, estava exausta como se tivesse jogado por noventa minutos. As titulares deram seu melhor em campo; eu dei meu melhor no banco de reservas.

Repeti esse processo durante todo o campeonato. Vencemos a Copa do Mundo naquele ano. Comemoramos juntas — titulares e reservas —, como uma equipe. Tenho a intuição de que uma das razões de ganharmos a Copa do Mundo de 2015 foi o apoio do banco de reservas. O orgulho que sinto pela forma como lidei com aquele campeonato só é páreo para o que tenho por qualquer gol importante que já marquei.

Lidere do Banco de Reservas

Às vezes, você sentirá que também está no banco de reservas. Será retirada de um projeto, desconsiderada para uma promoção, adoecerá, perderá a eleição, será preterida por um filho que parece não precisar mais de você. Talvez se encontre segurando um bebê em vez de uma maleta e sinta medo de que seus colegas estejam "progredindo" e a deixando para trás. O importante consiste em entender que é permitido se sentir decepcionada quando a vida lhe mandar para o banco de reservas. O que não pode fazer é perder a oportunidade de liderar de lá.

Se você não for uma líder no banco de reservas, não se intitule uma líder no campo.

Ou você é uma líder em qualquer lugar, ou não é em lugar nenhum.

Aliás, as líderes mais fervorosas que já vi são as mães. A parentalidade não permite banco de reservas — ela só pode ser o grande jogo.

Toda mulher é a líder de sua própria vida. Não abdique desse poder. Reivindique-o. Valorize-o. Use-o.

A representação de liderança não se limita a um homem sentado na ponta de uma mesa. Ela também engloba toda mulher que permite que sua *própria voz* oriente sua vida e a das pessoas com quem se importa.

A liderança consiste em se voluntariar na escola local, proferir palavras encorajadoras a um amigo e segurar a mão de um parente moribundo; em amarrar cadarços sujos, frequentar a terapia e dizer a familiares e amigos: *Não, nós não somos indelicados aqui*; em concorrer para o conselho escolar, dar carona para os filhos de uma mãe solteira após o treino e estabelecer limites que provam ao mundo que você se valoriza. A liderança é cuidar de si mesma e capacitar os outros para que façam o mesmo.

A liderança não é um cargo a ser conquistado, mas um poder inerente a ser reivindicado.

A liderança é o sangue que corre por suas veias — ela é inata.

Não é o privilégio de poucos, mas o direito e a responsabilidade de todos.

A liderança não é um título que o mundo lhe concede — ela é uma contribuição que você proporciona ao mundo.

CHAMADO À ALCATEIA:

*Se você tem uma voz, há influência
para propagar.
Se você tem relações, há corações
para orientar.
Se você conhece jovens, há futuros
para moldar.
Se você tem privilégios, há poder
para compartilhar.
Se você tem dinheiro, há apoio
para proporcionar.
Se você vota, há uma política
para definir.
Se você tem dor, há empatia
para oferecer.
Se você tem liberdade, há outros
pelos quais lutar.
Se você está viva, é uma líder.*

4

Torne o Fracasso Seu Incentivo

Regra Antiga: O fracasso significa que você está fora do jogo.

Regra Nova: O fracasso significa que você está finalmente NO jogo.

Quando eu estava na seleção juvenil e sonhava em jogar ao lado de Mia Hamm, tive a oportunidade de visitar o vestiário da Seleção Feminina dos EUA. Foi como se o tempo tivesse parado à medida que eu olhava ao redor e tentava memorizar tudo o que via: as chuteiras sujas de grama das minhas heroínas, seus nomes e números nos armários, seus uniformes perfeitamente dobrados em cima das cadeiras.

Porém, a imagem que se eternizou em minha mente era completamente diferente.

O que me lembro de forma mais vívida é de uma fotografia 5×7.

ALCATEIA

Alguém havia colado essa pequena foto ao lado da porta a fim de que fosse a última coisa que as jogadoras vissem antes de se dirigirem ao campo de treino.

Você deve achar que era uma imagem de comemoração, da equipe celebrando sua última grande vitória ou em um pódio recebendo medalhas de ouro. Mas não era. A fotografia mostrava sua rival de longa data — a seleção norueguesa — comemorando após derrotar os EUA na Copa do Mundo de 1995. Era um retrato da última derrota da própria equipe norte-americana.

Cinco anos depois, fui convocada para jogar na seleção. Certo dia, estávamos em viagem e não tínhamos nada para fazer a não ser sentar em uma mesa grande no refeitório e compartilhar histórias durante horas. Criei coragem para perguntar sobre aquela foto. Eu precisava saber o que ela significava para minhas colegas de equipe, então questionei:

"Ei, qual o lance com a fotografia da seleção norueguesa que vocês mantêm na parede do vestiário? Por que querem olhar para ela antes do treino?"

Elas sorriram e ficou evidente que estavam esperando a novata começar a fazer as perguntas certas. Elas explicaram que a prioridade da seleção é vencer, mas que a equipe não tem medo do fracasso, pois, quando acontece, se torna seu incentivo. O time nunca nega sua última derrota. Nós não a rejeitamos. Nós a aceitamos como uma prova de que não somos dignas de jogar no nível mais alto. Optamos por lembrar o fracasso, pois sabemos que as lições provenientes da derrota passada se tornam o incentivo para a vitória futura.

Perguntei: "Vocês acham que colar a fotografia na parede funcionou?"

Julie Foudy respondeu: "Bem, conquistamos nosso primeiro ouro olímpico no ano seguinte. O que você acha?"

Saí daquela mesa com o entendimento de que, para me tornar uma campeã — dentro e fora de campo —, eu precisaria passar o resto da minha vida transformando meus fracassos em incentivo.

As mulheres ainda não acessaram o poder do fracasso. Quando ele acontece, nos desesperamos, o negamos ou o rejeitamos de imediato. Na pior das hipóteses, o consideramos uma prova de que somos impostoras indignas. Os homens sempre tiveram permissão de fracassar e continuar jogando. Por que deixamos que o fracasso nos tire do jogo?

Desde os primórdios, homens imperfeitos têm sido capacitados e autorizados a governar o mundo. Chegou o momento de mulheres imperfeitas concederem a si mesmas a permissão de se juntar a eles.

Perfeição não é um pré-requisito da liderança. Mas podemos nos perdoar por acreditarmos que é.

Vivemos de acordo com as regras antigas que insistem que uma mulher deve ser perfeita antes de ser digna de se destacar. Como ninguém é perfeito, essa regra se revela uma maneira eficaz de afastar preventivamente as mulheres da liderança.

Está na hora de uma regra nova.

As mulheres devem parar de reconhecer seus fracassos como nossa destruição e começar a torná-los nosso incentivo. Fracassar não é uma vergonha — nem prova de desmerecimento —, mas um *estímulo*.

Quando vivemos com medo de fracassar, não nos arrisca-mos. Não contribuímos com todo o nosso ser — e acabamos por falhar mesmo antes de começar.

Deixemos de nos preocupar: *E se eu fracassar?* Em vez dis-so, prometamos a nós mesmas: *Se eu fracassar, não desistirei.*

Depois que me aposentei, a ESPN me contratou como comentarista do Campeonato Europeu da UEFA de 2016 — um torneio de futebol televisionado internacionalmente. Viajei a Paris, me acomodei no meu hotel e fui para o primei-ro dia me sentindo ansiosa e animada. No instante em que a luz vermelha de "no ar" acendeu, meu cérebro desligou. Os outros comentaristas conversavam facilmente sobre jogado-res, estatísticas e estratégias. Eu nem conseguia lembrar como falar. Nos primeiros quinze minutos, percebi que a situação estava fora do meu controle. Quando conferi o Twitter, fi-cou evidente que o restante do mundo também percebeu. Eu fracassara. Senti o constrangimento arder. Tive vontade de pegar o primeiro voo para casa, mas permaneci até o final do campeonato. Foi horrível.

No voo de volta, passei mal. Fiquei pensando: *Comentar jogos é o que ex-atletas fazem. Se fracassei nisso, há outras alter-nativas para mim?* Fui para casa e esse medo se manteve por muito tempo. Por fim, decidi que eu tinha duas opções: usar esse fracasso público como desculpa para finalizar a minha carreira ou aproveitá-lo como uma informação útil. Eu poderia julgar essa experiência como um indício de que estava destinada a ser um fracasso ou de que — *naquele momento* — eu não estava destinada a ser comentarista. Descartei essa profissão das minhas possibilidades e continuei contando com a sorte. Alguns meses depois, fundei minha empresa de liderança. Agora, faço o que gosto todos os dias — ensinar a líderes emergentes como se tornar campeãs por elas mesmas e pelos outros. Meu fracasso como comentarista não acabou com minha carreira — me ajudou a encontrá-la. Às vezes, aproveitamos o fracasso para persistir ainda mais no mesmo caminho. Às vezes, permitimos que o fracasso nos direcione a um novo caminho. Mas sempre continuamos a avançar.

O mundo precisa ver as mulheres se arriscarem, fracassarem e insistirem em seu direito de não desistir e tentar de novo. E de novo. E de novo. Uma campeã nunca permite que um fracasso breve a tire do jogo prolongado. Uma mulher que não desiste jamais pode perder.

CHAMADO À ALCATEIA:

Tente.

Fracasse.

Sinta arder.

Então torne o fracasso seu incentivo.

5

Ampare Uma à Outra

Regra Antiga: Fique uma contra a outra.

Regra Nova: Apoie uma à outra.

No decorrer de todos os jogos de futebol de noventa minutos, há alguns momentos mágicos em que a bola realmente atinge o fundo da rede e um gol é marcado. Quando isso acontece, significa que tudo se alinhou como deveria — o passe perfeito, o ritmo perfeito, cada jogadora em sua posição exata, na hora certa —, culminando em um instante no qual alguém marca o gol.

O que acontece depois disso compreende aquilo que transforma um grupo de várias mulheres em uma única equipe. O banco de reservas irrompe. As colegas de time espalhadas pelo campo correm em direção à jogadora que marcou o gol. Há toques de mão, encontrões, dancinhas, abraços e um agrupamento espontâneo de comemoração que se dispersa tão rápido quanto começou.

Para o público, pode parecer que a equipe está celebrando quem marcou o gol, mas o que *realmente* se comemora é cada jogadora, cada treinador, cada treino, cada sprint, cada dúvida e cada fracasso que esse único gol representa.

ALCATEIA

Às vezes, você dá um sprint de 55 metros apenas para ver outra mulher marcar o gol. Às vezes, foi sua jogada, sua arrancada, seu coração e seu suor que possibilitaram o gol.

Você nem sempre será a jogadora que marca o gol. Quando não for, é melhor que corra em direção a ela.

Às vezes, você *será* a pessoa que marca o gol.

Fui essa pessoa 184 vezes ao longo da minha carreira internacional.

Se você assistir às gravações desses gols, perceberá que, logo após cada um deles, eu começo a apontar.

Aponto para a companheira de equipe que ajudou.

Aponto para a zagueira que nos protegeu.

Aponto para a meio-campista que correu incansavelmente.

Aponto para o treinador que arquitetou a jogada.

Aponto para a reserva que desejou que o momento acontecesse.

Em toda a minha vida, nunca marquei um gol sem o passe de outra jogadora.

Cada gol que já marquei pertence a toda minha equipe.

Quando marcar um gol, é melhor que comece a apontar.

Quando uma mulher marca um gol, há apenas duas opções para a alcateia:

Correr ou apontar.

Fora de campo, essas opções se manifestam da seguinte forma:

Ampliamos as vozes umas das outras.

Exigimos lugares para mulheres, pessoas não brancas e todas as marginalizadas em qualquer mesa nas quais decisões são tomadas.

Comemoramos os sucessos umas das outras.

Expressamos gratidão e reconhecemos o crédito de todas aquelas que contribuíram para nossos próprios sucessos.

E quando uma de nós cai, nós a levantamos.

ALCATEIA

Ao nos deparamos com mulheres que ainda vivem de acordo com as regras antigas, em vez de lutar contra elas, continuamos a lutar por todas.

Amparar umas às outras pode ser difícil, pois há muito tempo temos nos confrontado para ser o "token" da vez. Preservar a ilusão da escassez é a forma como aqueles que detêm o poder mantém a competição entre mulheres pelo único lugar à mesa antiga, em vez de elas se unirem para construir uma mesa nova e maior.

A escassez foi imposta dentro de nós e entre nós. Não é nossa culpa — mas é um problema nosso e que devemos resolver.

Revoluções começam com uma crença coletiva.

A crença da alcateia consiste no fato de que a escassez é uma mentira.

O poder e o sucesso não são como tortas. Uma fatia maior para uma mulher não significa uma fatia menor para outra. Acreditamos que o amor, a justiça, o sucesso e o poder são infinitos e devem ser acessíveis a todas.

Revoluções são conquistadas por meio da ação coletiva.

Agiremos em prol de todas nós.

Ajudaremos umas às outras. Correremos na direção umas das outras. Apontaremos umas para as outras. Reivindicaremos alegria, sucesso e poder infinitos — juntas. Comemoraremos o sucesso de uma mulher como um êxito coletivo de todas as mulheres.

CHAMADO À ALCATEIA:

A vitória dela é a sua vitória. Comemore com ela.

Sua vitória é a vitória dela. Aponte para ela.

6

Exija a Bola

Regra Antiga: Não se arrisque.
Passe a bola.

Regra Nova: Acredite em si mesma.
Exija a bola.

Quando eu era mais jovem, minhas heroínas eram as mulheres da seleção. Entre elas estava Michelle Akers, a melhor do mundo. Ela era alta como eu, tinha um tipo físico como o meu e era a jogadora de futebol mais corajosa que já vira. Michelle personificava todos os meus sonhos.

Como não havia uma liga profissional feminina na época, Michelle tinha que encontrar maneiras diferentes de treinar entre os jogos da seleção. Então, certo dia, nossa seleção juvenil se preparou para jogar ao lado de nossa heroína. Tínhamos 18 anos e lá estava Michelle Akers — uma atleta com um corpo poderoso e bem torneado, uma campeã mundial, uma lenda. Nossas mãos tremiam enquanto amarrávamos os cadarços das chuteiras.

Estávamos em um jogo-treino — cinco contra cinco. Até a metade do segundo tempo, Michelle estava pegando leve com a gente, nos treinando, nos ensinando sobre distância, sincronia e as táticas do jogo.

Nos quinze minutos finais, Michelle percebeu que, devido a todo esse treinamento, sua equipe estava perdendo por três gols. Naquele momento, foi como se ela tivesse ligado um interruptor interno.

Ela correu em direção à goleira de seu time, ficou a quase 1 metro dela e gritou:

ME. DÊ. A. MALDITA. BOLA.

A goleira obedeceu.

Michelle saiu com a maldita bola, driblou toda a nossa maldita equipe e marcou um gol.

Era um jogo "a vez é de quem marca", ou seja, quem fizesse o gol recuperaria a bola. Portanto, após o gol de Michelle, a bola voltou para a goleira de seu time.

Assim como Michelle. Novamente, ela correu em direção à goleira, ficou a quase 1 metro dela e gritou:

ME DÊ A BOLA.

A goleira obedeceu.

Mais uma vez, Michelle driblou nosso time e marcou um gol.

Então ela fez de novo. E de novo. Até levar sua equipe à vitória.

O que enxerguei em Michelle naquele dia mudou para sempre a forma como me vejo.

Antes daquele jogo, eu sempre tentava diminuir meu talento e enfraquecer minha luz para não ofuscar os outros. Pensava que era a coisa mais humilde a se fazer. Tinha medo de que o meu talento fosse uma afronta às outras e criasse uma barreira entre mim e minhas companheiras de equipe. Então, em campo, eu atuava a 75%.

Porém, ao observar Michelle, percebi o poder do fogo competitivo de uma mulher. Vi uma mulher que não queria apenas ganhar, mas que admitia esse desejo e acreditava ser a única capaz de concretizá-lo.

Aquele jogo marcou o momento em que parei de fingir ser menos poderosa do que sei que sou.

Aprendi que a coisa mais inspiradora do mundo é uma mulher que acredita em si mesma, dá o seu máximo e aceita sua magnificência sem qualquer remorso.

Presenciar Michelle utilizar seu poder despudoradamente me libertou para que eu também usasse o meu.

Penso nela sempre que me sinto tentada a me julgar indigna, despreparada, incapaz ou insuficientemente boa.

Há três anos, me apaixonei por uma mulher com três filhos. Sempre quis ser mãe, mas me sentia completamente despreparada para ser uma madrasta. Ficava remoendo as histórias horríveis que ouvi sobre madrastas e enteados. Temia que as crianças me odiassem e não me considerassem como uma outra mãe. Tinha receio de ser incapaz de conquistar seu amor e seu respeito, visto que já eram um pouco mais velhas. Estava apreensiva de que eu mesma não sentisse o amor biológico que as mães sentem por seus filhos. Eu seria boa o suficiente? Não sabia.

Porém, decidi que, quando se quer algo tão intensamente quanto eu queria ter uma vida com Glennon — quanto queria uma família —, você se antecipa e exige a maldita bola.

Casei-me com Glennon e virei uma madrasta. Chase, Tish e Amma me chamam de "mãedrasta". Tornar-me esposa de Glennon e a outra mãe dos meus filhos foi a melhor decisão que já tomei na vida. É fácil? Definitivamente não. Todos os dias, tenho momentos repletos de dúvida sobre minhas decisões sobre parentalidade, mas Glennon jura que não é algo exclusivo de uma madrasta, é apenas inerente à condição de mãe. Craig, ex-marido de Glennon, e eu somos uma equipe. Descartamos as histórias antigas sobre famílias mistas e decidimos escrever uma nova. Nossos temas são respeito, bondade e a resolução permanente de valorizar a paz coletiva em detrimento de nossos egos individuais.

ALCATEIA

Às vezes, observo minha família e penso: "E se eu tivesse decidido não me tornar uma mãe até que me sentisse pronta ou até que tivesse certeza absoluta de que jamais erraria?" Teria perdido a melhor coisa que já aconteceu comigo, bem como a oportunidade de ajudar outras famílias como a minha. Diariamente, pessoas me dizem que nossa família é uma inspiração para elas escreverem suas próprias histórias belas e únicas sobre famílias mistas.

No final, aceitar e libertar todo seu poder não tem a ver apenas com você, mas também com o efeito dominó. Quando você se impõe e exige a bola, concede às outras a permissão de fazer o mesmo. O poder coletivo da alcateia começa com a libertação do poder individual de cada loba.

Como é dito em *Os Livros da Selva*:

A força da alcateia é o lobo, e a força do lobo é a alcateia.

Exija a Bola

CHAMADO À ALCATEIA:

Acredite em si mesma.

Imponha-se e diga:

ME DÊ A MALDITA BOLA.

ME DÊ O MALDITO TRABALHO.

ME DÊ O MESMO SALÁRIO QUE AQUELE CARA

AO MEU LADO GANHA.

ME DÊ A PROMOÇÃO DE CARGO.

ME DÊ O MICROFONE.

ME DÊ O SALÃO OVAL.

ME DÊ O RESPEITO QUE MEREÇO — E FAÇA O MESMO

COM A MINHA ALCATEIA.

7

Dê o Máximo

Regra Antiga: Lidere com dominância. Crie seguidores.

Regra Nova: Lidere com humanidade. Cultive líderes.

Quando Pia Sundhage foi contratada como nova treinadora da seleção norte-americana, éramos a maior, a mais apta, a mais forte e a fisicamente mais dominante equipe do mundo. Vencíamos apenas pela força do poder e da intimidação. E não víamos problema. O placar no final do jogo era a única coisa que importava. Ponto-final.

Em nosso primeiro encontro, Pia disse:

Vocês são o melhor time do mundo. Mas ainda há um nível superior. Vocês provaram que podem vencer partidas. Meu desejo é que trabalhem a forma como vencem partidas. Quero que continuemos a ganhar, mas que o façamos honrando a nós mesmas, nossas companheiras de equipe, nossas adversárias e o jogo. Venceremos com criatividade, inovação e convicção contínua, em vez de apenas prevalência física. Ganharemos com elegância.

Em seguida, ela pegou um violão e começou a cantar "The Times They Are A-Changin'", do Bob Dylan.

Nossa equipe permaneceu sentada, atônita. Encarávamos essa sueca, pensando: *Ela não tem a mínima ideia do que está fazendo. Estamos ferradas.*

Era a primeira vez que a maioria de nós via uma líder se mostrar vulnerável. Nem sequer sabíamos que isso era permitido — a princípio, parecia uma quebra de liderança. Ainda assim, ao ouvi-la cantar, embora nos sentíssemos um pouco constrangidas, ficamos curiosas. Logo nos comovemos. Sentimos uma parte nossa despertar. Nós nos sentimos conectadas.

Pia optou por música porque adora música. Ao nos mostrar quem ela era e do que gostava, nos ensinou que verdadeiros líderes sabem quem são e contribuem com todo seu potencial para aqueles que lideram. Líderes de verdade não imitam uma concepção cultural de como um líder se parece, fala ou age. Eles entendem que há tantas maneiras autênticas de liderar quanto há pessoas.

Em retrospecto, percebo que a performance musical improvisada de Pia foi o catalisador de que nossa equipe precisava para repensar as ideias sobre como liderar e quem deveria liderar.

Antes de Pia, adotávamos a estrutura antiga de liderança hierárquica. Sabedoria, orientação e ideias eram determinadas e anunciadas pelos treinadores e capitãs e, imediatamente, sem contestação ou participação, executadas pela equipe. Antes de Pia, nosso time era formado por algumas líderes e várias seguidoras. Depois de Pia, nossa estrutura de liderança foi lentamente derrubada e recriada. Fora de campo, meu papel como uma das capitãs se tratava menos de fazer pronunciamentos *para* todas e mais de obter ideias *de* todas. As jogadoras começaram a sentir segurança e coragem suficientes para contribuir com suas vozes e ideias. Em campo, passamos a treinar umas às outras. Alex Morgan, a recém-chegada, me dava sugestões. As veteranas aprendiam com as novatas, as titulares aprendiam com as reservas. As capitãs aprendiam com os preparadores físicos. Cada pessoa — das jogadoras à equipe técnica — passou a se considerar uma líder.

Essa maneira nova nem sempre era confortável, pois exigia coragem de jogadoras recém-chegadas e humildade de pessoas como eu, que estavam acostumadas a falar, não a ouvir. Mas tínhamos Pia como modelo. Essa maneira nova não era somente uma teoria para nós. Se Pia tivesse apenas nos *dito* para sermos corajosas, humildes e vulneráveis, jamais teríamos incorporado essas características. Como nossa líder, ela tinha que *mostrá-las* para nós.

A maneira antiga é liderar com invulnerabilidade e conseguir seguidores.

A maneira nova é liderar com plena humanidade — e cultivar uma equipe de líderes.

CHAMADO À ALCATEIA:

Reivindique seu poder e contribua com
toda sua humanidade.
Abra espaço para que outras possam fazer o
mesmo.
Pois o que nossas famílias,
nossas empresas
e o mundo precisam
é nada mais — e nada menos —
do que exatamente o que somos.

8

Encontre Sua Alcateia

Regra Antiga: Você está sozinha.

Regra Nova: Você não está sozinha. Você tem sua alcateia.

Após me aposentar, desonerei meu corpo de qualquer atividade física desgastante por três anos. Quando me senti pronta para recomeçar, decidi me juntar à minha amiga Mel em um desafio de corrida. Nós nos comprometemos a correr sozinhas diariamente e enviar a distância percorrida uma à outra para comprovar. Após trinta anos de treino, pensei que esse desafio seria mamão com açúcar — e me ajudaria a queimar todos o açúcar de verdade com o qual me esbaldei durante a aposentadoria.

O desafio não foi moleza. Foi deplorável. Detestava cada minuto de corrida. Era como se tivesse um peso nos pés, como se nunca tivesse corrido antes. Meu mantra de sobrevivência enquanto eu arfava era: *Isso dói. Isso dói. Não pare. Não pare.*

Certa noite, disse a Glennon: "Sério, não gostava de correr, mas nunca detestei tanto assim. Por que, de repente, a corrida parece algo tão impossível? Sou uma ex-atleta profissional! Costumava treinar 6h por dia! Será que perdi minha capacidade atlética em três anos?"

Ela disse: "Amor, você não perdeu sua capacidade atlética. A diferença é que não há mais a companhia de suas parceiras de equipe. Você costumava correr com sua alcateia. Agora é uma loba solitária."

Glennon tinha razão. Por toda minha vida, estive cercada das minhas companheiras de equipe. Elas sofriam comigo, me encorajavam, me faziam rir e aproveitar o momento. Nosso sofrimento era amenizado porque o compartilhávamos. A vida é mais difícil quando se é uma loba solitária. Todas precisamos de uma alcateia.

Meu discurso sobre a alcateia viralizou quando a Barnard o publicou na internet.

Mulheres que admirei durante toda minha vida — líderes mundiais, celebridades, atletas e ativistas — compartilharam minhas palavras em suas comunidades. As pessoas as divulgaram em suas empresas, suas escolas, seus grupos de amigos, suas salas de aula. Mães transformaram meu discurso em arte e penduraram pinturas de lobas na parede do quarto de suas filhas.

O que mais me impactou não foi a abrangência do discurso, mas sua profundidade.

Quando sou tentada a esquecer que se manifestar é indispensável, leio as mensagens que salvei, tal como:

Abby, quando assisti a seu discurso, percebi que você disse coisas que senti minha vida toda, mas que não conseguia verbalizar. Parei de ler contos de fadas antigos para minhas filhas. Seu discurso se tornou nossa nova história de ninar. Minha esperança é que sua mensagem seja o novo significado que minhas filhas darão a quem são e a quem podem ser. Desejo que elas acreditem que são as lobas e que consigam formar sua própria alcateia. Sinceramente, também quero acreditar nisso. Fui a única durante toda minha vida. A única mulher na sala, a única mulher à mesa e criei minhas filhas sem uma comunidade. Ser mulher é um tipo peculiar de solidão. Nos fechamos em nossos pequenos espaços, isoladas umas das outras. Os homens têm seu antigo clubinho. Precisamos de um. Também quero ter a minha alcateia.

ALCATEIA

Independentemente de ser mãe, universitária, CEO, menina, você precisa de uma equipe de mulheres para apoiá-la. Precisa que elas a chamem à responsabilidade de viver sua grandiosidade, que a lembrem de quem é e se unam a você para mudar o mundo.

Você precisa de uma alcateia.

A pergunta é: como formamos uma?

Minha carreira me ensinou que, quando você é nova em algo — quando não sabe como agir ou como começar —, o que resta a fazer é se sobressair, às vezes sem jeito e com receio, e tentar.

Então tentarei. Reunirei as mulheres que respeito, admiro e mais confio. Apoiarei todas elas quando precisarem e pedirei ajuda quando for necessário.

Juntas, mudaremos nossas vidas e o mundo ao compreender o poder de nossa loba e a força de nossa alcateia.

CHAMADO À ALCATEIA:

*Não devemos viver como uma
loba solitária.
Todas precisamos de uma alcateia.*

Hora de Mudar o Jogo

Na noite do meu último jogo, após dezessete anos como jogadora universitária, profissional e da seleção, decidi divulgar uma mensagem de despedida para o esporte ao qual dediquei tanto da minha vida — e para as jogadoras, equipes e fãs que dedicaram tanto de sua vida a mim.

Minha mensagem final para o jogo foi: *Me esqueça.*

O vídeo foi transmitido na televisão na noite em que me aposentei. Nele, estou sentada em uma cadeira de metal, esvaziando meu armário e refletindo sobre meu legado. O vídeo mostrou imagens de meninas marcando gols, garotas dando sprints e um garoto usando minha camisa.

Ao longo do vídeo, eu disse o seguinte:

Me esqueça. Esqueça o número da minha camisa. Esqueça meu nome. Esqueça que já existi.

Esqueça as medalhas conquistadas, os recordes quebrados e os sacrifícios feitos.

Quero deixar um legado no qual a bola continue avançando, no qual as próximas gerações alcancem realizações tão notáveis que já não serei lembrada.

Portanto, me esqueça. Porque o dia em que eu for esquecida será o dia em que teremos vencido.

Meu sonho era deixar um legado que garantisse o sucesso futuro do esporte ao qual dediquei minha vida. Queria que as meninas que me sucedessem realizassem feitos que apenas imaginei.

Um ano depois, acabei treinando o time de futebol da minha filha de 10 anos. Na verdade, treinei a equipe até o campeonato. Não falava muito sobre minha carreira, pois estava comprometida a manter o foco nelas — mas, no fundo, me agradava o fato de que essas meninas soubessem que estavam sendo lideradas por uma atleta olímpica.

Então, certo dia, próximo ao final da temporada, enquanto eu estava aquecendo o time e contando uma história sobre minha aposentadoria, uma das minhas jogadoras olhou para mim e perguntou: "Você se aposentou do quê?"

Parei por um momento, me perguntando se ela estava brincando. Não estava.

Olhei para ela e respondi: "Hmm. FUTEBOL."

Ela questionou: "Ah. Para qual time você jogou?"

Arregalei os olhos e retruquei: "SELEÇÃO. FEMINI-NA. DOS. EUA."

Ela disse: "Ah. Legal. Peraí... isso significa que você conhece a Alex Morgan?!!"

Cuidado com o que deseja. Fui esquecida.

Porém, falando sério, o fato de que outras pessoas não soubessem quem eu era não me incomodava.

O que me matava de medo era que, após a aposentadoria, *eu* não soubesse quem era.

Quando tirei minha camisa pela última vez, perdi a identidade que carregava desde os 5 anos: Abby Wambach, jogadora de futebol.

Sem o futebol, quem eu era?

Certa noite, contei a Glennon sobre meu medo de que tivesse me perdido ao largar o futebol. No dia seguinte, ela me deixou um bilhete:

Abby, o que há de mais especial em você não é seu talento no campo de futebol.

Quando as pessoas a observam, elas percebem algo diferente em você.

É a maneira como você se comporta e trata os outros. É a sua dignidade misturada com sua ferocidade. É a sua beleza peculiar que contrasta fortemente com a beleza artificial à qual as mulheres foram impelidas. É a sua postura, o modo como anda e fala.

É um pouco o seu cabelo.

Você é uma magnífica rebelião ambulante. O que você libera ao mundo reacende um fogo interno em nós que foi apagado há muito tempo.

Não acho que a magia estivesse no campo, Abby. Acredito que ela esteja dentro de você. Acho que você a carregará até a morte. De uma perspectiva externa, Abby, fica evidente que o futebol não a tornou especial — você tornou o futebol especial. Você não perdeu nada. Tudo permanece aí. O futebol nos trouxe você. Agora a acompanharemos. Não porque você foi uma atleta, mas por causa de quem é, minha Abby.

Glennon tinha razão. Você sabe quem sou agora? A mesma Abby. Ainda me sobressaio e dou o máximo de mim — dessa vez, para minha nova alcateia. Ainda luto diariamente para construir um futuro melhor para a próxima geração.

Veja só, o futebol não me tornou quem eu sou. Eu ofereci quem eu sou ao futebol e o farei em qualquer situação.

Você também.

Portanto, não pergunte: "O que eu quero fazer?" Questione-se: "*Quem* eu quero ser?"

A lição mais importante que aprendi foi: o que você faz não a define por muito tempo. Quem você é a definirá para sempre.

Somos as lobas.

Há magia dentro de nós.

Há poder entre nós.

Vamos libertá-los e nos unir.

Juntas, desafiaremos o *status quo* e mudaremos o jogo para sempre.

REGRAS NOVAS

1. Crie seu próprio caminho.

2. Seja grata pelo que tem E exija o que merece.

3. Lidere agora — de onde estiver.

4. O fracasso significa que você está finalmente NO jogo.

5. Apoie uma à outra.

6. Acredite em si mesma. Exija a bola.

7. Lidere com humanidade. Cultive líderes.

8. Você não está sozinha. Você tem sua alcateia.

Projetos corporativos e edições personalizadas
dentro da sua estratégia de negócio. Já pensou nisso?

Coordenação de Eventos
Viviane Paiva
viviane@altabooks.com.br

Assistente Comercial
Fillipe Amorim
vendas.corporativas@altabooks.com.br

A Alta Books tem criado experiências incríveis no meio corporativo. Com a crescente implementação da educação corporativa nas empresas, o livro entra como uma importante fonte de conhecimento. Com atendimento personalizado, conseguimos identificar as principais necessidades, e criar uma seleção de livros que podem ser utilizados de diversas maneiras, como por exemplo, para fortalecer relacionamento com suas equipes/ seus clientes. Você já utilizou o livro para alguma ação estratégica na sua empresa?

Entre em contato com nosso time para entender melhor as possibilidades de personalização e incentivo ao desenvolvimento pessoal e profissional.

PUBLIQUE SEU LIVRO

Publique seu livro com a Alta Books. Para mais informações envie um e-mail para: autoria@altabooks.com.br

 /altabooks   /alta-books   /altabooks   /altabooks

CONHEÇA OUTROS LIVROS DA **ALTA BOOKS**

Todas as imagens são meramente ilustrativas.

Este livro foi impresso nas oficinas gráficas da Editora Vozes Ltda.,
Rua Frei Luís, 100 – Petrópolis, RJ.